¡BRAVO, BRAVO! Level «Personas»

In the development of this collective work, for which the didactic and editorial design has been conceived and created by the *Research Department of Santillana, S.A.* and directed by **Antonio Ramos**, the following authors have participated:

SYLVIE COURTIER
MARÍA TERESA GARCÍA HERNÁNDEZ
MERCEDES GARCÍA LORENZO
FUENCISLA ISABEL SANZ

Editorial Director: **CASTO FERNÁNDEZ DOMÍNGUEZ**
Managing Editor: PILAR PEÑA PÉREZ
Project Editor: VALENTINA VALVERDE RODAO
Illustrators: MARINA SEOANE, MARCELO SPOTTI

The authors and publisher would like to thank the following educators for their reviews of manuscript during the development of the project.

TIM ALLEN	*San Diego Unified School District, San Diego, California*
ELVA COLLAZO	*Board of Education, NY, New York*
DENISE B. MESA	*Dade County Public School, Miami, Florida*
MARTHA V. PEÑA	*Dade County Public School, Miami, Florida*
DR. SILVIA PEÑA	*University of Houston, Houston, Texas*
ANA PÉREZ	*Baldwin Park Unified School District, Baldwin Park, California*
CARMEN PÉREZ HOGAN	*NY State Dept. of Education, Albany, New York*
MARÍA RAMÍREZ	*NY State Dept. of Education, Albany, New York*
MARÍA DEL CARMEN SICCARDI	*Spanish TV Broadcaster, Washington, DC*
DR. ELEONOR THONIS	*Wheatland Independent School District, Wheatland, California*
NANCY B. VALDEZ DEL VALLE	*Dade County Public School, Miami, Florida*

10 9 8 7 6 5 4 3 2

Published in the United States of America
ISBN: 0-88272-870-9
Printed in Spain

SANTILLANA PUBLISHING CO. Inc.,
Corporate Headquarters, 901 W. Walnut Street, Compton, CA 90220.

¡Bravo, bravo!

SPANISH FOR CHILDREN

Encuentro
PERSONAS - BOOK 1

santillana

Contenido

El planeta RUEDA

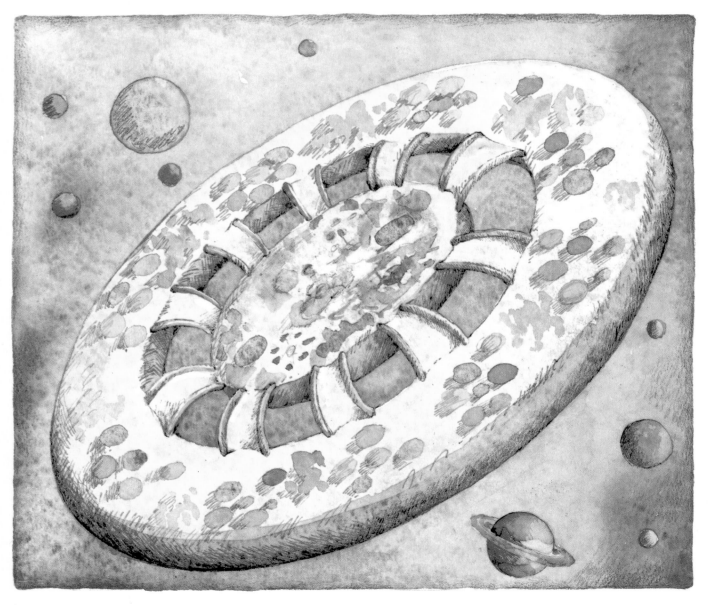

Éste es el planeta Rueda.

4

En el planeta Rueda hay un parque de juegos.

En el parque hay una fuente, un laberinto, bicicletas...

Martina tropieza y empuja a Martino. Martino, sin querer, aprieta el botón rojo.

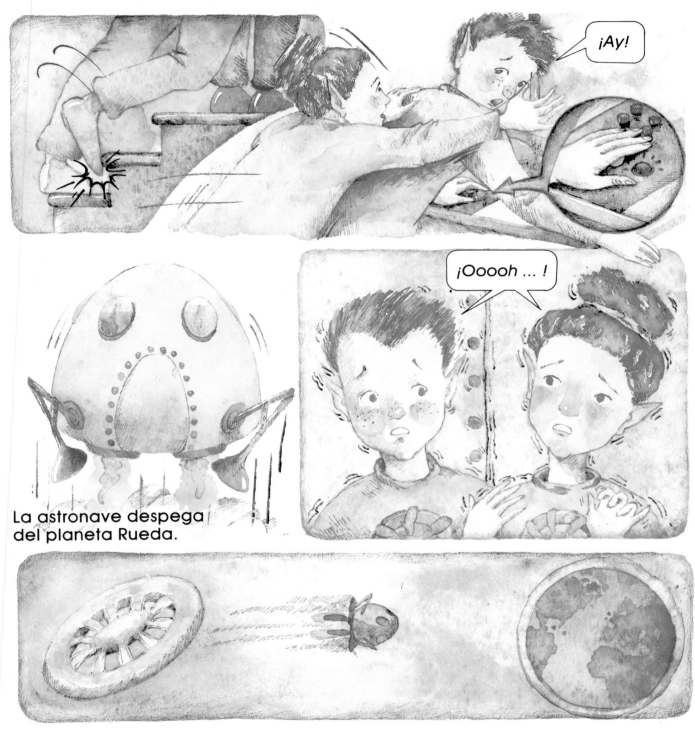

La astronave despega del planeta Rueda.

¿Quién eres? Yo soy ...

¡Hola!, ¿ ?

¡Hola!, [ ] Martino.
[ ] hermano de Martina.

¡Hola!, ¿ ?

¡Hola!, [ ] Martina.
[ ] hermana de Martino.

¿Quién es él? Él es ... ¿Quién es ella? Ella es ...

¿ ?

¿ ?

[ ] Martino.

[ ] Martina.

8

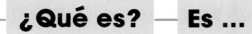
El número **nueve** es **una casa.**

1. un globo
2. un árbol
3. un niño
4. una pelota
5. una estrella
6. una astronave
7. una flor
8. una niña
9. una casa
10. un carro

¿Qué hay en ... ? — Hay ...

un / una - dos - tres - cuatro ...

- laberinto
- fuente
- puente
- carro
- canoa
- bicicleta
- avión
- río
- montaña rusa

¿Qué hay en el parque de los juegos?

Hay **un** laberinto.　　Hay **una** fuente.　　Hay **tres** puentes.

10

Redondo

El planeta Rueda es redondo. Las casas del planeta Rueda también son redondas y de muchos colores. Las casas azules son para una persona. Las casas verdes son para dos personas. Las casas rojas son para tres personas. Las casas amarillas son para cuatro personas. También hay muchos puentes para unir las casas con el parque de los juegos.

En el parque

1 *Observa y escucha.*

2 *Escucha y repite.*

Mentiras para reír

- Es un perro...
- ¿Es un perro?
- Con guitarra...
- ¿Con guitarra?
- En un burro.
- ¿En un burro?

- Es una mariposa.
- ¿Es una mariposa?
- Se llama María.
- ¿Se llama María?
- Y habla con Mario.
- ¿Y habla con Mario?

3 *Escucha y contesta.*

- ¿Es un perro?
- No, es María.

El planeta Rueda

MATERIALES

marcadores

tijeras

masilla

cartulina

● *¡Manos a la obra!*

1. Dibuja un círculo en la cartulina. Recorta el círculo.

2. El círculo es el espacio. Coloréalo.

3. Haz la parte exterior del planeta con masilla. Elige un color.

4. Haz el parque de los juegos. Elige otro color.

5. Haz los puentes.

6. Pon tu planeta en el espacio.

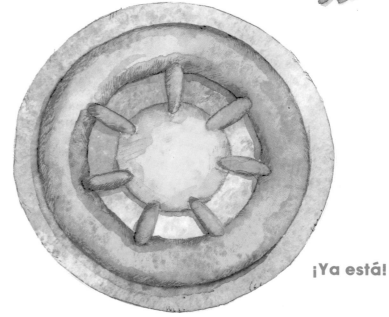

¡Ya está!

En la Tierra

Después de un largo viaje, la astronave llega a otro planeta.

Mientras los hermanos duermen, la gente llega al parque.

Los gritos asustan a los dos hermanos.

En la calle hay mucho, mucho ruido.

La rueda de los sentidos

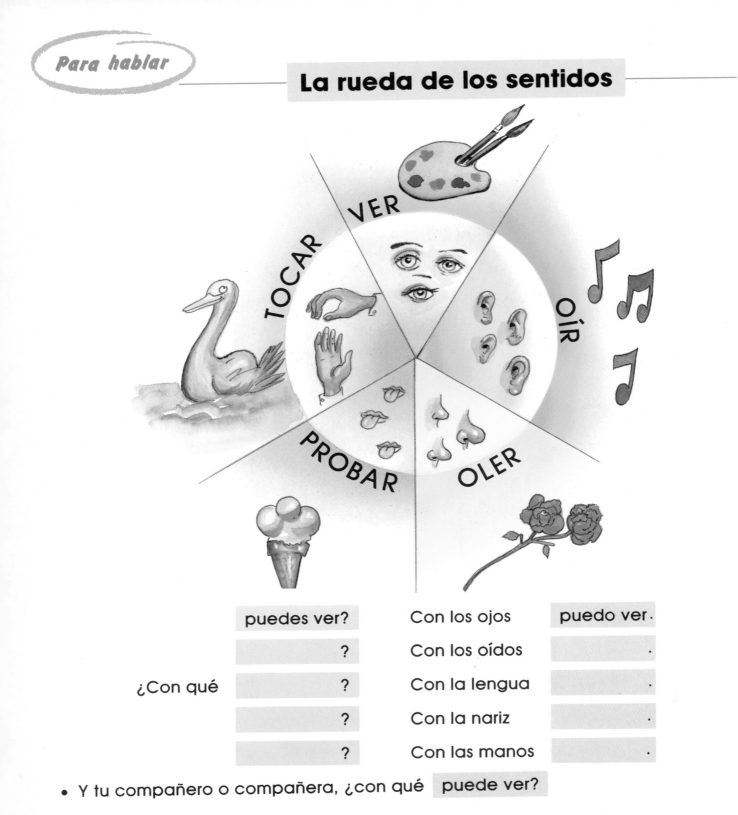

	puedes ver?	Con los ojos	puedo ver.
	?	Con los oídos	.
¿Con qué	?	Con la lengua	.
	?	Con la nariz	.
	?	Con las manos	.

- Y tu compañero o compañera, ¿con qué | puede ver?

18

¡Qué bien huele! — ¡Qué mal huele!

¡Qué bien huele!

1

La flor huele bien .

¡Qué bien huele!

2

La basura huele mal .

¡Qué mal huele!

3

El mar huele ____ .

¡Qué ____ huele!

5

El pescado huele ____ .

¡Qué ____ huele!

4

La colonia huele ____ .

¡Qué ____ huele!

6

El queso huele ____ .

¡Qué ____ huele!

7

El pastel huele ____ .

¡Qué ____ huele!

Izquierda — Derecha

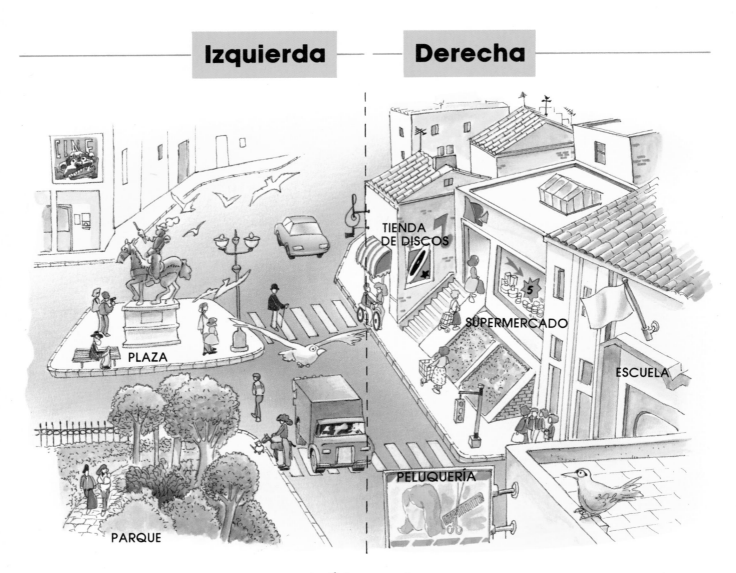

PLAZA

PARQUE

TIENDA
DE DISCOS

SUPERMERCADO

ESCUELA

PELUQUERÍA

¿Qué hay ... ?

- ■ ¿Qué hay **a la izquierda?**
- ● A la izquierda hay **una plaza.**

- ■ ¿Qué hay **a la derecha?**
- ● A la derecha hay **una tienda de discos.**

¿Dónde está ... ?

- ■ ¿Dónde está **la plaza?**
- ● Está **a la izquierda.**

- ■ ¿Dónde está **la tienda de discos?**
- ● Está **a la derecha.**

20

Los cinco sentidos

En Rueda hay muchos colores.
Y muchas cosas para tocar, como en la Tierra.

También hay muchos sonidos. Pero allá
las máquinas no hacen ruido, nadie grita.
Todos los sonidos son agradables. Por eso las
personas del planeta Rueda tienen las orejas
muy grandes.

Pero en Rueda no hay olores, no hay sabores.

Es un planeta raro.

21

¡Qué fácil!

1 *Observa y escucha.*

El chico es muy alto.
La jirafa es muy alta.

El circo es muy divertido.
La máquina es muy divertida.

C

El pájaro es muy lindo.
La ardilla es muy linda.

2 *Escucha y contesta.*

- El chico es muy alto.
- ¡Qué alto es!

- La jirafa es muy alta.
- ¡Qué alta es!

3 *Escucha, decide y habla.*

- ¡Qué agradable es!

- ¡Qué desagradable es!

El marcalibros de Rueda

MATERIALES

tijeras

pegamento

marcadores

cartulina azul

cartulina rosa

- **¡Manos a la obra!**

1. Dibuja un círculo en la cartulina rosa. Recorta el círculo. Es la cabeza de un niño o una niña de Rueda. Pinta el pelo de verde.

2. Dibuja los ojos, la nariz y la boca. En la cartulina rosa, dibuja las orejas. Recorta y pega las orejas en la cabeza.

3. Dibuja y recorta un rectángulo en la cartulina azul. Pega la cabeza al rectángulo.

¡Ya está!

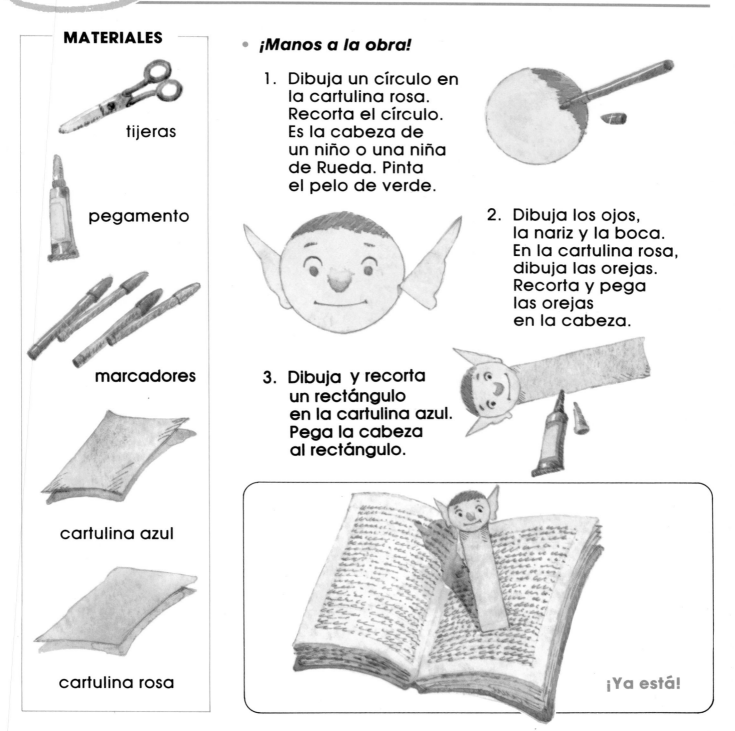

La familia

DON CARLOS (abuelo)

ANTONIO (papá)

DOÑA CLARA (abuela)

TERESA (tía)

LUIS (yo)

PEDRO (hermano)

ISABEL (hermana)

ROSA (prima)

MIGUEL (primo)

los nietos de don Carlos y doña Clara

los sobrinos de Antonio y Mercedes

MERCEDES (mamá)

Rosa es la hermana de Miguel.

Es **la prima** de Luis, Pedro e Isabel.

Es **la hija** de Teresa.

Es **la sobrina** de Mercedes y Antonio.

Es **la nieta** de don Carlos y doña Clara.

Nosotros — Nosotras

Nosotros somos hermanos.

Nosotros somos amigos.

Nosotras somos primas.

hermanos.

amigas.

primos.

hermanas.

¿Vamos a ... ?

Una casa verde

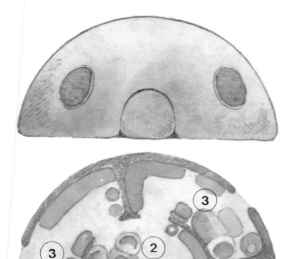

Ésta es una casa verde de Rueda.

El número uno es la entrada.

El número dos es la sala.

El número tres son los dormitorios.

El número cuatro es el cuarto de baño.

El número cinco es el cuarto de trabajo.

Hay dos dormitorios porque en las casas verdes viven dos personas.

Los muebles también son verdes y redondos: las camas, las mesas, los armarios, las sillas.

31

En la calle

1 *Observa y escucha.*

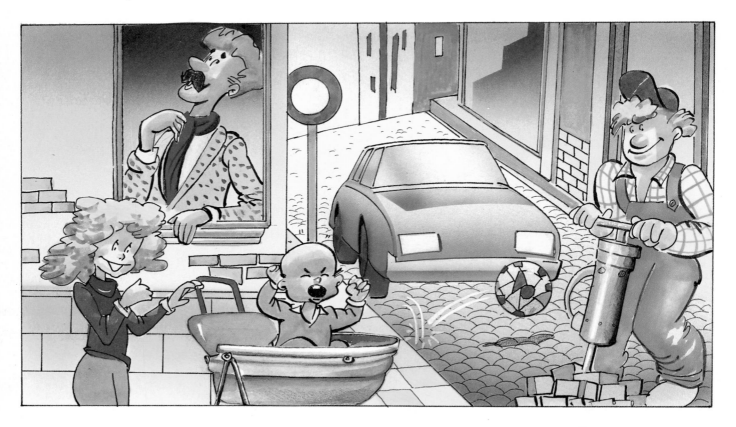

2 *Escucha y pregunta.*

1. ■ ¿Qué es?
   ● Es una máquina.

2. ■ ¿Quién es?
   ● Es Elena.

3 *Escucha y habla.*

¿Persona o cosa?

1. Tú: ¿Qué es?

   Tu compañero/a: Es una cosa.

2. Tú: ¿Quién es?

   Tu compañero/a: Es una persona.

Para comprobar la vista

MATERIALES

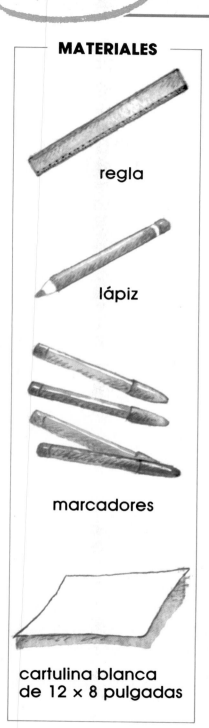

regla

lápiz

marcadores

cartulina blanca
de 12 × 8 pulgadas

- **¡Manos a la obra!**

  1. Dibuja ocho rayas en la cartulina.

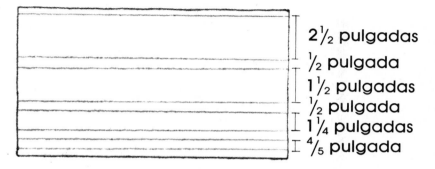

$2\frac{1}{2}$ pulgadas

$\frac{1}{2}$ pulgada

$1\frac{1}{2}$ pulgadas

$\frac{1}{2}$ pulgada

$1\frac{1}{4}$ pulgadas

$\frac{4}{5}$ pulgada

  2. Escribe y colorea las letras.

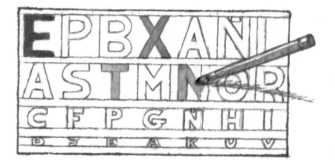

  3. Coloca el letrero en la pared.
     Comprueba la vista de tres amigos y amigas.

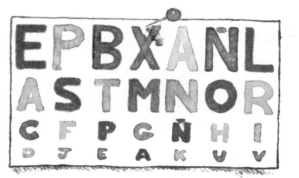

¡Ya está!

33

De compras

Para Martina y Martino todo es nuevo.

Y después de la compra, el regalo de la abuela.

Para hacer una torta se necesitan varias cosas.

¿Cuánto cuesta / cuestan ... ?

EN EL MERCADO

TOMATES	19 pesos/libra
¿Cuánto cuestan los tomates**?**	Diecinueve pesos la libra.
LIMONES	13 pesos/libra
PAPAYAS	22 pesos/libra
AGUACATE	15 pesos/unidad
¿Cuánto cuesta un aguacate**?**	Quince pesos la unidad.
MELÓN	18 pesos/unidad
SANDÍA	16 pesos/unidad

Tan ... como ...

Juan es **tan** simpático **como** Ana.

El pato 1 es [ ] rápido [ ] el pato 2.

Las flores rojas son [ ] grandes [ ] las flores amarillas.

El tigre 1 es [ ] peligroso [ ] el tigre 2.

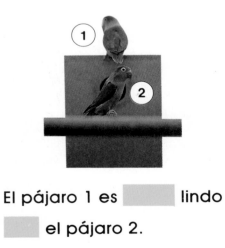

El pájaro 1 es [ ] lindo [ ] el pájaro 2.

39

¿Qué están haciendo los niños?

Están mirando los pasteles.

1. mirar los pasteles

2. preguntar el precio

3. contar el dinero

4. comprar los pasteles

5. comer los pasteles

Galletas para todos

En el planeta Rueda nadie compra la comida. Nadie cocina. No hay horas para comer. Porque la comida está en los árboles.

Los árboles están llenos de galletas: galletas de carne, de huevo, de fruta, de leche, de pescado... Pero todas tienen el mismo sabor, ni son saladas ni son dulces.

Cuando alguien tiene hambre, toma una galleta de un árbol y se la come.

Debajo de los árboles hay unos laboratorios. Allí preparan el agua para el árbol. El jefe de los laboratorios es el Galletero Mayor.

FÓSFORO

VITAMINA A

PROTEINAS

¿Para quién es?

1 **Observa y escucha.**

2 **Escucha y repite.**

3 **Escucha y contesta.**

- ▪ ¿El pescado es para ti?
- ● No, no es para mí.

4 **Escucha y aprende.**

El sábado como pescado.
Y hoy como un helado
con mi amigo Amado.

42

Una planta para ti

MATERIALES

2 frijoles

algodón

un plato

agua

una maceta
con tierra

• ***¡Manos a la obra!***

1. Pon el algodón en el plato y
los frijoles en el algodón. Pon
agua en el algodón (debe
estar siempre húmedo).

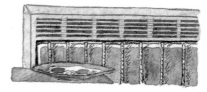

2. Pon el plato cerca
de la calefacción.
Espera tres o cuatro días.

3. Tu planta ya tiene hojas.
Pon la planta en una
maceta con tierra.

¡Ya está!

¡Feliz cumpleaños!

Aquí las comidas son más complicadas
que en Rueda.

47

¿Qué quieres comer tú?

¿Qué quieres comer tú?

Yo quiero primero **arroz con tomate;** después, **pescado con vegetales** y de postre, **pasteles.**

Primer plato	Segundo plato	Postre
• arroz con tomate	• carne con espinacas	• pasteles
• ensalada de lechuga y tomate	• pollo con patatas fritas	• torta de chocolate
• sopa	• pescado con zanahorias	• fruta: manzana, banana, fresas, pera

• *Y tú, ¿qué quieres comer?*

¿Qué desayunan ustedes?

Nosotros **desayunamos** café y tostadas.

Nosotros **comemos** pescado con vegetales.

Nosotras **cenamos** un bocadillo de jamón y un vaso de leche.

- Y ustedes, ¿qué **desayunan** ?, ¿qué **comen** ?, ¿qué **cenan** ?

té	carne	bocadillo de queso
mantequilla	sopa	galletas
mermelada	ensalada	bocadillo de jamón
vegetales	pescado	fruta

Nosotros nos levantamos ...

levantar**se**

lavar**se** y peinar**se**

bañar**se**

acostar**se**

Nada es imposible

En el planeta Rueda no hay días para trabajar. Tampoco hay días para descansar.

La gente trabaja cuando quiere y después, descansa.

Pero hay un día especial, el día del cumpleaños.

Ese día, la persona expresa tres deseos.

El primero es para uno mismo.

El segundo es para los amigos.

El tercero es un deseo imposible.

Los sabios realizan los deseos.

A veces trabajan un año entero.

Pero nada es imposible para ellos.

Niños, ¡la sopa!

1 *Observa y escucha.*

2 *Escucha y repite.*

3 *Observa y habla.*

Pepa, ¡la sopa!

4 *Escucha y aprende.*

A mí me gusta el pescado.
A ti te gusta la sopa.
Y a Pepa, el helado.

Un búho para adornar un regalo

MATERIALES

papel plateado

papel blanco

papel negro
y rojo

tijeras

pegamento

- **¡Manos a la obra!**

1. Dibuja y recorta la cabeza del búho en el papel plateado.

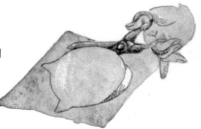

2. Recorta los ojos del búho:
   – dos círculos de papel blanco;
   – dos círculos más pequeños de papel negro.
   Pega los ojos en la cabeza.

3. Recorta el pico en el papel rojo. Pega el pico.

4. Pega la cabeza del búho en el paquete.

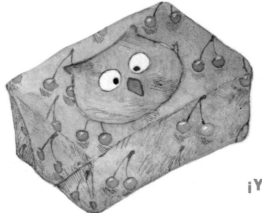

¡Ya está!

Los Reyes Magos

Cuando llega la noche del 5 de enero, todos los niños hispanos se acuestan con la ilusión de que pase de prisa esa noche para ver, a la mañana siguiente, los juguetes que los Reyes Magos les han dejado en la chimenea o cerca del árbol de Navidad.

Esa noche los tres Reyes Magos, Melchor, Gaspar y Baltasar, llegan de Oriente montados en camellos y guiados por una estrella para traer todos los regalos que los niños les han pedido en sus cartas.

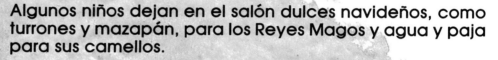

Algunos niños dejan en el salón dulces navideños, como turrones y mazapán, para los Reyes Magos y agua y paja para sus camellos.

Es una tradición que se repite desde hace muchos años en algunos países hispanos. En otros países, el encargado de repartir los regalos entre los niños es Santa Claus, que llega del cielo montado en su trineo.

El gaucho: una figura tradicional

Los gauchos eran unos jinetes muy hábiles que pasaban casi toda su vida montados a caballo. Iban de norte a sur y de este a oeste de la Pampa argentina, cuidando los rebaños de caballos y vacas.

Su ropa, de muchos colores, era muy característica. Llevaban un sombrero grande, una camisa, unos pantalones muy anchos y un poncho de color rojo.

Gaucho argentino.

Ñandú.

También se dedicaban a la caza del ñandú. Para cazar este animal tenían un arma, las «boleadoras», que estaba formada por tres bolas de piedra o hierro unidas por una cuerda.

Los gauchos bebían siempre mate, que es una infusión parecida al té. Ahora, el mate es una bebida muy popular, típica de Argentina.

Ya quedan pocos gauchos auténticos, pero los trabajadores de los ranchos argentinos se visten todavía como ellos.

En algunos países de América del Norte, como Canadá y Estados Unidos, el tradicional vaquero recuerda, por su modo de vida y el tipo de trabajo que realiza, la figura del gaucho argentino.

Vaquero estadounidense.

Mi diccionario

A

acostarse
to go to bed

algodón
cotton

arroz
rice

astronave
spaceship

B

bañarse
to have a bath

beso
kiss

bocadillo
sandwich

búho
owl

C

colonia
cologne

comprar
to buy

contar
to count

cuadrado
square

58

D

disco
record

E

escaparate
store window

espinacas
spinach

estrella
star

F

familia
family

flor
flower

fresa
strawberry

frijoles
beans

G

gente
people

globo
balloon

H

harina
flour

hipopótamo
hippopotamus

59

L

lavarse
to wash oneself

levantarse
to get up

librería
book store

limón
lemon

lobo
wolf

LL

llama
llama

M

maceta
flower pot

mariposa
butterfly

melón
melon

muebles
furniture

O

oír
to hear

oler
to smell

P

patata or **papa**
potato

paraguas
umbrella

peinarse
to comb hair

pera
pear

periódico
newspaper

plato
plate

preguntar
to ask

puente
bridge

R

regalo
gift

T

tijeras
scissors

tocar
to touch

V

vaso
glass

Vocabulario activo

Palabras que aparecen ocho o más veces en el Libro.

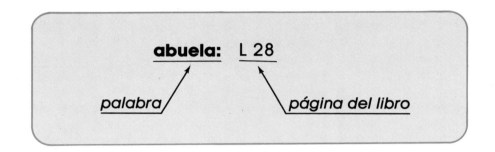

abuela: L 28

palabra → *página del libro*

A

a: L 6
abuela: L 28
al: L 17
alto/a: L 22
amigo/a: L 24
árbol: L 9

B

bañarse: L 50

C

cartulina: L 13
casa: L 9
círculo: L 13
colores: L 6
comer: L 40

comprar: L 34
con: L 11
costar: L 35
cuadrado/a

D

de: L 5
del: L 7
derecha: L 15
deseo: L 51
día: L 43
divertido/a: L 22
don: L 28
doña: L 28
dos: L 10

E

el: L 4
él: L 8

ella: L 8
en: L 5
estar: L 13
este: L 16
estrella: L 9

F

flor: L 9
fruta: L 35

G

galleta: L 41
gato
grande: L 39
gustar: L 52

H

hacer: L 21
hay: L 5
helado: L 42
hermanos: L 6
hijo/a: L 28
hola: L 8

I

ir: L 24
izquierda: L 20

J

juegos: L 5
jugar: L 20

L

la: L 7
laberinto: L 5
las: L 11
lavarse: L 50
levantarse: L 50
lindo/a: L 17
los: L 11

LL

llamarse: L 12

M

mamá: L 17
mano: L 13
manzana: L 48
más: L 36
me: L 16
mesa: L 15

mi: L 24
mirar: L 6
muchos/as: L 6
muy: L 21

N

no: L 6
nosotras: L 29
nosotros: L 25
número: L 9

O

oír: L 18
oler: L 14

P

pájaro: L 22
para: L 11
parque: L 5
pastel: L 19
patito/a
pero: L 21
perro: L 12
persona: L 11
pescado: L 19
peso (moneda): L 35
planeta: L 4
plato: L 43
por: L 21
primo/a: L 28
poder: L 18

Q

que: L 36
qué: L 6
quién: L 8
querer: L 7

R

recortar: L 13
redondo/a: L 11
rueda: L 4

S

sí: L 16
ser: L 4
sopa: L 48

T

también: L 11
te: L 24
tener: L 17
Tierra: L 14
tocar: L 15
tomate: L 38
torta: L 34
trabajar: L 31
tres: L 11
tu: L 13
tú: L 32

U

un: L 5
una: L 5
unos: L 14
ustedes: L 27

V

verde: L 6

Y

y: L 6
ya: L 13
yo: L 8